# Lettres aux membres du Parti Communiste



I. — Avant le Congrès de Janvier.
Quelques Documents.

*Paris, 22 novembre 1924.*

Nous sommes à la veille du Congrès de Paris. Les membres du Parti sont appelés à discuter dans leurs cellules les multiples questions portées à l'ordre du jour de ce congrès important. Jusqu'ici ils n'ont entendu qu'un son de cloche. Nous tenons à en faire entendre un second.

C'est incontestablement notre droit comme membres du Parti, membres désavantagés, infériorisés puisque la fraction qui dirige le Parti se permet de monopoliser la presse communiste et d'y faire entendre exclusivement son point de vue.

Attaqués maintes fois, dans les assemblées et dans la presse du Parti, attaqués avec violence et avec injustice, longtemps nous-avons méprisé ces attaques, estimant que le Parti avait mieux à faire qu'à s'entre-déchirer et que le temps suffirait à calmer l'ardeur des néophytes du prétendu bolchevisme français qui nous insultent. Nous nous sommes évidemment mépris.

A la suite de la dernière Conférence des Secrétaires fédéraux, où nous fûmes qualifiés d'éléments nettement anticommunistes, nous avons répondu en fixant sommairement notre position dans une déclaration adressée au Comité Directeur et signée par trois membres du C. D. Cette déclaration, il n'en a pas été donné connaissance au C. D. Elle n'a pas davantage trouvé place dans la presse du Parti, ni dans l'*Humanité*, ni même dans le *Bulletin Communiste*. On comprendra que nous la fassions connaître, après une longue attente, aux membres du Parti, par le seul et faible moyen qui nous reste.

On le comprendra d'autant plus qu'il ne peut échapper à personne que l'on prépare notre exclusion. On veut, comme à la dernière Conférence, en surprenant la bonne foi du Parti, provoquer une Fédération de la Nièvre quelconque à déposer une proposition d'exclusion que les hommes de l'appareil, dûment stylés, feront adopter d'emblée.

Que cette triste manœuvre soit ou non susceptible de réussir, nous n'en savons rien. Mais il est une chose que nous ne voulons pas, c'est qu'elle réussisse par surprise. C'est pourquoi nous adressons aux membres du Parti cette Lettre, afin de les mettre en garde, afin qu'ils disent nettement aux camarades qu'ils délégueront au Congrès s'ils doivent ou non nous chasser du Parti.

*

Depuis un an, on agite le spectre d'une droite dans le Parti et dans l'Internationale. On accuse cette droite de nuire, de désagréger, de décomposer le Parti; on l'accuse d'entraver son travail politique et de susciter des obstacles à sa réorganisation sur la base des cellules d'entreprise.

Nous sommes bien sûrs de ne pas appartenir à la droite du Parti. Quand Treint publia sa première édition de la géographie des tendances, Monatte lui répliqua avec raison que s'il voulait à tout prix nous classer quelque part il devrait nous loger dans une tout autre tendance, qui s'appellerait la gauche ouvrière. Dans sa deuxième édition, revue et corrigée, des tendances du Parti, Treint paraissait donner satisfaction à cette juste revendication; il parlait récemment du « néo-gauchisme ouvriériste, teinté de syndicalisme pur », de Monatte.

Nous n'étions toujours pas plus orthodoxes qu'avant; nous sentions toujours le roussi; mais enfin ç'en était fini de l'imbécile qualification de droitiers; nous étions reconnus et proclamés gauchistes, néo-gauchistes.

Mais sous la plume et dans la bouche de Treint et de ses amis, les mots changent rapidement de sens. Dès le lendemain, nous redevenions la droite pestiférée. Il suffit sans doute de ne pas bâiller d'admiration devant les cabrioles de Treint pour être rangé dans la droite.

Voyons ce qu'on reproche à la prétendue droite que nous composerions.

Notre grand crime consisterait à faire écho à l'opposition communiste russe qui aurait constitué une sorte d'organisation internationale. Nous devons avouer, à notre confusion et à notre grand regret, qu'aujourd'hui encore nous ne connaissons même pas le grand discours prononcé en juillet par Trotsky à l'assemblée des vétérinaires de Moscou, non plus que sa préface à la nouvelle édition de *1917*, discours et préface pourfendus avec tant de véhémence.

On avouera que pour des « trotskystes » nous manquons pour le moins de vigilance. Certes, on nous a trouvés et on nous trouvera pourtant chaque fois qu'on insultera Trotsky, parce que son nom et son effort, à côté du nom et de l'effort de Lénine, s'identifient avec la Révolution russe. Nous dirons plus : nous pensons que c'est Trotsky, à l'heure actuelle, qui pense et qui agit vraiment dans l'esprit de Lénine, et non ceux qui le poursuivent de leurs attaques tout en se drapant dans le manteau du léninisme.

Mais nous savons bien que si demain Trotsky ralliait la majorité dans le Parti Communiste russe, les mêmes communistes français qui l'insultent aujourd'hui en le traitant de petit-bourgeois et de contre-révolutionnaire seraient les premiers à l'aduler et nous trouveraient alors trop peu « trotskystes ».

En attendant, ils feraient mieux, puisqu'ils rouvrent devant le Parti français une nouvelle discussion sur le Parti Communiste russe, de fournir le minimum de documents permettant de se former une opinion. C'est leur droit de publier à grand fracas des critiques du discours et de la préface de Trotsky; mais c'est leur devoir élémentaire de faire connaître ce discours et cette préface. En ayant tardé à le faire, ils ont montré leur profond mépris pour les membres du Parti. Naturellement, ce qui leur importe ce n'est pas un jugement éclairé du Parti, mais son approbation aveugle et fanatique.

⁂

Qu'il y ait un malaise grave dans l'Internationale, depuis la mort de Lénine et depuis sa retraite forcée par la maladie, c'est un fait trop visible, mais il est bien indépendant de la crise que traverse le Parti français.

Nous l'avons dit au cours des discussions du début de l'année : Notre Parti se trouvait en face de deux crises superposées, une crise nationale et une crise internationale, et nous l'avons prouvé par des faits et par des déclarations incontestables. Il nous suffira de rappeler les paroles par lesquelles Renaud Jean expliqua au Comité Directeur, en mars dernier, son vote des fameuses thèses : « Je les vote parce qu'il faut sortir de la situation présente, mais je le fais sans enthousiasme et tout à fait convaincu qu'elles ne changeront rien; le Parti est en état de crise permanente. »

En effet, le Parti est en état de crise permanente. Le dernier accès de fièvre, qui paraît n'être pas guéri, tant s'en faut, fut provoqué, voilà un an, par la non-réélection de Treint au secrétariat du Parti. Quels furent les artisans les plus acharnés de cette non-réélection et, par là, les responsables de la crise? Des hommes qui avaient collaboré, au cours de l'année 1922, avec Treint au Bureau Politique et au Secrétariat, c'est-à-dire Louis Sellier et Doriot, et qui déclaraient que tout travail collectif était impossible avec lui.

Ils n'étaient d'ailleurs pas seuls à penser ainsi; Humbert-Droz, le délégué de l'Internationale, en était arrivé à dire que tant que Treint et Souvarine seraient à la tête du Parti, il serait impossible d'avoir en France un Parti Communiste. Souvarine a été dévoré, mais Treint demeure et tout ce qui pouvait jadis être reproché à Souvarine peut l'être aujourd'hui, et plus

légitimement, à Suzanne Girault et à Treint : l'auto-
cratie de ces derniers pèse incontestablement d'un
poids plus lourd sur tout le Parti. Elle pèse si lourde-
ment qu'un militant du mouvement syndical, secrétaire
d'une Fédération d'industrie et qui vit en dehors des
tendances et des clans du Parti, reprenait sans le savoir
le propos d'Humbert-Droz et déclarait récemment qu'il
n'y aura pas de Parti ni de C.G.T.U. tant que régnera
Suzanne Girault.

Quel crime pouvons-nous avoir commis contre le
Parti, néo-gauchistes ou droitiers que nous sommes?

Il n'y a pas très longtemps, le député Doriot déplo-
rait que Monatte et Rosmer n'aient pas été plus com-
battifs, qu'ils n'aient pas poursuivi plus longtemps la
lutte contre la soi-disant gauche. Il ne voyait pas que
nous avions ainsi refusé non seulement de faire perdre
au Parti son temps et ses forces mais de lui porter,
même involontairement, préjudice, à lui et à l'Internationale. Il ne le comprenait pas alors. Cela ne l'em-
pêche pas aujourd'hui de vilipender la droite et ses
crimes imaginaires. Nous le verrons peut-être demain
réclamer notre exclusion du Parti.

⁂

S'il est un reproche que nous ne méritons pas, c'est
bien celui d'avoir voulu nuire au Parti, d'avoir cherché
à entraver son travail, d'avoir essayé de le désagréger. Nous mériterions plutôt celui d'avoir réduit à
l'excès notre droit de critique. Par contre, ces repro-
ches s'appliquent à merveille à ceux qui nous les

adressent, c'est-à-dire à ceux qui, depuis un an, font à la tête du Parti non une politique de parti mais une politique de fraction et qui, se figurant être tout le Parti, s'apprêtent à en chasser quiconque se refuse à le confondre avec leurs personnes.

Depuis près de dix mois qu'ils ont la direction effective du Parti, voyons donc ce qu'ils en ont fait.

Tout d'abord, ils ont dirigé le Parti sans tenir compte du Comité Directeur. Ils n'ont pas su gré à ce Comité Directeur qui, en mars, votait docilement, à la quasi-unanimité, leurs thèses sur la révision du front unique et la bolchévisation du Parti. Ce vote acquis, ce pauvre C. D. a été périmé. On l'a réuni ou non, au gré du Secrétariat, on a tranché de tout sans le consulter et souvent sans l'avertir ensuite. C'est ainsi, par exemple, que les membres du Comité Directeur ont appris en lisant l'*Humanité* que le Parti allait tenir un Congrès en janvier.

Ils ont pris en mains l'*Humanité* à qui nous avions, paraît-il, fait perdre sa claire figure communiste. La lui ont-ils redonnée?

Certes, nous n'avons jamais prétendu que l'*Humanité* était un modèle de journal ouvrier, de quotidien communiste et nous l'avons souvent dit dans les Conseils du Parti. Mais nous sommes bien certains qu'elle est aujourd'hui de moins en moins un journal, qu'elle est devenue un mauvais *Bulletin communiste* quotidien. Loin de prendre une claire figure communiste, elle a plutôt mis un masque caricatural. Le communisme n'a pas le mépris de la classe ouvrière et ne croit pas qu'il soit utile de lui servir une nourriture sans os et sans arêtes, une véritable bouillie intellectuelle pour enfants.

Le premier résultat c'est que beaucoup d'ouvriers cessent de lire l'*Humanité*. L'un des mots d'ordre du Parti était de doubler le chiffre de son tirage et de le porter à 400.000 d'ici la fin de l'année. Au lieu d'approcher de ce but, on s'en éloigne. Treint a raconté au Congrès du Parti tchéco-slovaque que le tirage de l'*Humanité* avait augmenté de 40.000 exemplaires. Ne pouvant croire qu'il a délibérément menti aux communistes tchéco-slovaques, nous supposons qu'il a voulu dire que l'*Humanité* avait diminué d'autant.

Treint a dit encore à Prague qu'une menaçante crise financière avait été réglée en cinq semaines. Evidemment, les membres du Parti ont fait, voilà quelques mois, un gros effort, mais la crise financière n'a pas été dénouée pour cela. Elle ne pouvait pas l'être d'ailleurs, du moment que l'on continuait à gaspiller 50.000 francs par mois — plus d'un demi-million par an — pour l'*Humanité* du Midi et que l'on faisait rentrer les permanents de l'appareil que l'on avait compressé.

Si bien que le Parti en est arrivé à envisager le système des souscriptions, non comme un moyen exceptionnel dans des circonstances exceptionnelles, mais comme un moyen courant de boucler son budget normal.

C'est d'ailleurs parce que les dirigeants de la fraction qui dirige le Parti sont effrayés des résultats de leur propre gestion qu'ils crient si fort contre la droite. Ils ont besoin de donner le change. Bien incapables, en outre, d'apercevoir et de reconnaître leurs fautes, il est naturel qu'ils attribuent à d'autres la responsabilité de leur propre gabegie.

Ils raisonnent exactement de cette manière quand ils nous accusent d'avoir entravé la réorganisation du Parti sur la base des cellules d'entreprise. Ils nous attribuent charitablement les difficultés naturelles que l'opération comportait et celles que leur conception et leur manière de faire y ont ajouté. Ce n'est pas en donnant la droite à dévorer aux cellules qu'ils leur fourniront un aliment, ni qu'ils résoudront ces difficultés.

La réorganisation sur la base des cellules est une œuvre capitale pour le Parti. S'il la réussit, c'est-à-dire s'il sait déterminer les tâches pratiques des cellules, éviter qu'elles tournent à vide et se découragent, il disposera réellement d'une base de granit. Mais le granit pourrait bien se changer en sable mouvant si les cellules, au bout de quelques semaines, n'apercevaient pas le travail qui leur incombe, si on leur refusait, en outre, le droit élémentaire de désigner leur secrétaire et leur délégué au rayon, sans crainte d'un veto d'en haut.

Il est beaucoup question d'homogénéité, d'alignement, de discipline. Du haut en bas du Parti, on établit une cascade de mots d'ordre auxquels on doit obéir sans comprendre et surtout sans murmurer autre chose que le sacramentel : Capitaine, vous avez raison! Une mentalité de chambrée se crée et les mœurs de sous-offs s'installent. Il n'est question que d'appareil à faire fonctionner, de permanents à instituer. Bientôt la bureaucratie du Parti fera la pige à celle de l'Etat français.

On dit que le Parti doit être une cohorte de fer. En réalité, quiconque fait preuve de caractère doit être brisé. Au V° Congrès mondial, Jerram, dans un geste de courage, cherche à empêcher la délégation française de commettre une faute préjudiciable au Parti. Au retour, on expédie quelqu'un pour le démolir dans la Fédération du Nord. Il faut s'incliner, non devant des idées ou des décisions prises par l'organisation, mais devant des hommes. Par ce moyen, ce ne sont pas des cadres solides que l'on prépare, ce n'est pas une cohorte de fer que l'on forme, mais un régiment de limaces.

Des perroquets communistes peuvent seuls parler sans rire de l'unité monolithique du Parti Communiste français. S'il est un parti composé de morceaux très divers, c'est bien le nôtre. Leur fusion promettait d'être lente et les fondeurs étaient tenus de veiller ferme. A coup sûr, des événements révolutionnaires auraient activé cette fusion et rejeté des scories; ils ne se sont pas produits. A défaut, c'est le travail collectif de chaque jour, modeste et tenace, qui pouvait l'opérer. Au lieu de travail collectif, on a assisté à un travail fractionnel en règle poursuivi par la soi-disant gauche en utilisant l'appareil du Parti. Hier c'était le centre qu'elle voulait hypocritement torpiller en la personne de Sellier pour sa gestion financière qui n'a d'autre pendant que celle de Treint. Aujourd'hui, c'est la gauche ouvrière qu'on veut passer par la fenêtre. A qui le tour demain? Le Parti français risque fort de ressembler à ces républiques sud-américaines où se produit un coup d'Etat tous les trois mois.

L'importance du Congrès prochain ne peut échapper à l'ensemble des membres du Parti. Ce qui est important, ce n'est pas que nous puissions y être frappés d'exclusion, c'est que, sous l'étiquette de la bolchévisation, on y aggrave les méthodes autocratiques actuelles qui sont bien le plus flagrant désaveu du bolchévisme et du communisme.

*V. DELAGARDE.*
*P. MONATTE.*
*A. ROSMER.*

## LA CHARRETTE EST PRÊTE

Reproduisons les deux résolutions que l'on a fait adopter par la Conférence des Secrétaires fédéraux des 21 et 22 septembre; la deuxième présentée soidisant par la Fédération de la Nièvre :

I

*L'assemblée des secrétaires fédéraux constate par l'intervention d'un certain nombre de camarades* un retour offensif de la tendance de droite masquée sous des critiques d'ordre secondaire.

*Elle considère ces manifestations comme étant en parti le fait de l'ignorance de certains, qui n'ont pas encore compris les mots d'ordre de l'Internationale Communiste. Mais pour certains militants trop qualifiés pour qu'on puisse admettre qu'ils ne sont pas suffisamment informés,* la question revêt un caractère d'opposition politique grave aux décisions du V<sup>e</sup> Congrès.

*Dans ces conditions, la Conférence des secrétaires fédéraux considère toute tentative de rouvrir la discussion sur la crise intérieure du P. C. russe aujourd'hui terminée théoriquement et pratiquement, comme* la volonté de nuire et de décomposer le Parti, *en entravant son travail politique et de réorganisation sur la base des cellules d'entreprise.*

II

*La Conférence des secrétaires fédéraux constatant avec écœurement qu'il existe au sein du Parti des éléments de droite et d'extrême-gauche nettement anti-*

communistes, *demande à ce que ces camarades se plient nettement aux idées et mots d'ordre de l'Internationale, qu'ils fassent confiance au Bureau Politique.*

*Qu'ils s'engagent à mener la lutte dans le même but que l'Internationale sans faire la critique sur des faits accomplis, sans en apporter les remèdes efficaces.*

*Charge le Bureau Politique de prendre toutes les mesures nécessaires pour que ces éléments se plient à cet esprit ou qu'ils démissionnent.*

Adjonction :

*La Conférence des secrétaires fédéraux déclare que la motion qu'elle a adoptée hier condamnant le travail de désagrégation fait par la droite dans le Parti, vaut aussi pour le camarade Rieu.*

## APRÈS LA CONFÉRENCE DES SECRÉTAIRES FÉDÉRAUX

Quelques jours après la Conférence, trois membres du C. D. adressèrent une lettre au Comité Directeur par l'intermédiaire du Secrétariat. Cette lettre n'a été, encore à ce jour, ni communiquée au C. D., ni publiée, malgré plusieurs réclamations des intéressés et un engagement précis du Bureau Politique. En voici le texte:

*Paris, le 5 octobre 1924.*

*Au Comité Directeur.*

Ce n'est pas sans surprise que nous avons vu s'abattre sur nous, à la dernière Conférence des secrétaires fédéraux, une pluie de calomnies et de me-

*naces, menaces appuyées et enregistrées par deux résolutions.*

*Nous ne pouvons laisser dire sans protester avec vigueur :*

*1° Que nous avons rouvert les discussions d'il y a quelques mois sur les crises russe et allemande et sur la situation anglaise;*

*2° Que nous avons fait à la dernière Conférence une opposition politique quelconque, grave ou bénigne, aux décisions du V° Congrès mondial;*

*3" Que nous avons montré la volonté de nuire au Parti, de le désagréger et de le décomposer; que nous avons entravé son travail politique et de réorganisation sur la base des cellules d'entreprise;*

*4° Que nous sommes des éléments nettement anti-communistes, de nouveaux Frossard, des agents du Bloc des Gauches.*

*Sémard a osé déclarer que nous avions provoqué une « explosion de trotskysme » et Cadeau que nous étions d'ores et déjà « presque en dehors du Parti ». Dans ses comptes rendus, l'Humanité a faussé, quand elle ne les a pas étouffées, les interventions de l'un de nous.*

*On comprendra que nous tenions, surmontant notre propre écœurement, à rétablir, devant le Comité Directeur et devant l'ensemble des membres du Parti, le sens exact de ces interventions et à fixer notre position de militants communistes de la première heure, plus disciplinés et plus dévoués qu'aucun de ceux qui nous accusent.*

*A aucun moment nous ne nous sommes élevés
contre les décisions du V<sup>e</sup> Congrès mondial.*

*L'Internationale s'est prononcée sur les discussions
antérieures; nous n'avions pas à nous incliner, nous
l'avions déjà fait.*

*Il n'est pas une des tâches qu'elle a tracées au
Parti français à laquelle nous ne soyons prêts à apporter tout notre effort.*

*Nous le ferons d'autant plus allègrement que la
prolétarisation des partis par leur réorganisation sur
la base des cellules d'entreprise et que la lutte en
faveur de l'unité syndicale internationale répondent à
nos désirs de toujours.*

*Les dix tâches immédiates assignées au Parti fran-
çais nous trouveront au rang de leurs ouvriers les
plus tenaces.*

*Ceux qui nous ont prêté des illusions démocratico-
pacifistes ont été eux-mêmes victimes d'une illusion.
Syndicalistes révolutionnaires d'hier, jamais nous n'a-
vons été empoisonnés par l'esprit démocratique : les
bolchéviks, avant-guerre, nous en rendaient témoi-
gnage. Aujourd'hui, nous constatons que l'Internationale, en se tournant vers la gauche du trade-unio-
nisme anglais et en mettant en elle de si grands espoirs, non seulement confirme notre pensée que la
gauche trade-unioniste anglaise ne pouvait être iden-
tifiée à la gauche de la social-démocratie allemande,
mais l'I. C. va beaucoup plus loin que nous. Nous la
suivons dans ses vastes espoirs.*

*Nous approuvons la position prise par l'Internatio-
nale Communiste à l'égard de Hœglund et de ses amis.
Aucune des décisions du V<sup>e</sup> Congrès n'a fait l'objet*

*d'une protestation ni d'une réserve de notre part, pas même la lourde sanction prise contre le camarade Souvarine.*

*A la Conférence des secrétaires fédéraux, première assemblée nationale du Parti depuis le retour de la délégation au V<sup>e</sup> Congrès, Monatte n'a point remis en discussion cette sanction : il s'est borné à signaler l'inconséquence de la délégation française faisant officiellement au Congrès mondial une proposition d'exclusion dont elle n'avait ni reçu ni demandé le mandat au Conseil National de Saint-Denis.*

*Il a remarqué en outre qu'au nombre des griefs retenus contre Souvarine figurait la publication du « Cours nouveau » de Trotsky, publication dont la responsabilité avait été partagée avec d'autres camarades. Est-il surprenant que Monatte ait revendiqué sa part, notre part de responsabilité? C'est le contraire qui eût été surprenant!*

*Au sujet du front unique, Monatte s'est encore borné, à la Conférence des secrétaires fédéraux, à demander à Sémard si les déclarations favorables au front unique par en haut que lui a prêtées l'Humanité du 29 juillet, dans son compte rendu du Congrès de l'I. S. R., étaient exactes.*

*On le voit, prétendre que nos déclarations à la dernière Conférence tendaient à rouvrir d'anciennes discussions et qu'elles revêtaient un caractère d'opposition politique grave aux décisions du V<sup>e</sup> Congrès est un pur mensonge.*

*Comment avons-nous manifesté la volonté de nuire au Parti, de le désagréger, de le décomposer? On oublie de le dire.*

*Nous pouvons affirmer que nous avons fait exactement le contraire et nous ne sommes pas embarrassés pour le prouver.*

*Pendant que la délégation était au V<sup>e</sup> Congrès, qui donc lança la circulaire 37 aux Fédérations, qui donc publia dans le* Bulletin Communiste *du 18 juillet l'article « Une étape nécessaire » sous la signature de la Fédération de la Seine, qui donc entreprit en somme le torpillage de la fraction du centre et de la direction du Parti? Rieu n'était pas seul alors. Au Comité Directeur, Rieu, Cadeau, Calzan, Sauvage, Ilbert, étaient solidaires et il ne se trouvait que deux membres, à une réunion du Comité Directeur, Mahouy et Monatte, tous deux rangés dans la soi-disant droite, pour protester contre le fait de soulever une aussi grave question de déficit financier derrière le dos, en l'absence des premiers intéressés, de le faire publiquement dans la presse avant tout examen au sein des organismes du Parti, et au moment où le Parti demandait à ses membres le sacrifice d'une journée de travail.*

*Qui donc, alors, nuisait effectivement au Parti, qui donc cherchait à le désagréger, à le décomposer par le vitriol des questions financières? Pas nous. Au contraire, nous étions seuls à nous élever contre cette besogne.*

*Nous marcherions sur les traces de Frossard, de Paul Lévi, nous ferions le jeu ou la besogne du Bloc des Gauches.*

*Merci bien.*

*Frossard, Lévi et* tutti quanti *sont retournés au socialisme ou à la social-démocratie d'où ils venaient. Ceux qui nous calomnient si grossièrement ne peuvent le faire que dans le but de préparer le Parti à notre exclusion. Mais nous savons bien — et ils le savent bien aussi — que nous ne pourrions retourner que d'où nous venons, c'est-à-dire là où nous n'étions qu'une poignée en 1914 pour sauvegarder en France l'internationalisme, en 1915 pour répandre les mots d'ordre de Zimmerwald, en 1917 pour défendre la Révolution russe naissante, en 1919 pour adhérer dès sa fondation à la III° Internationale, en 1922 pour défendre la tactique du front unique.*

*Agents du Bloc des Gauches? Laissez-nous rire! Nous le sommes tellement que nous avons été étonnés de voir le Parti et l'*Humanité *ne pas utiliser la fusillade policière des grévistes de Bizerte comme la preuve frappante pour la classe ouvrière que le gouvernement du Bloc des Gauches était un gouvernement d'assassins. Bizerte est, pour nous, le pendant de la Martinique où Waldeck-Rousseau et Millerand couvrirent d'une première flaque de sang ouvrier le gouvernement de défense républicaine d'alors.*

*Voilà comment nous comprenons notre rôle d'agents du Bloc des Gauches. Aussi nous nous permettons de repousser du pied ces calomnies.*

*Nous sommes entrés au Parti pour servir la Révolution : il n'a pas dépendu de nous que nous la ser-*

*vions ailleurs que dans le rang; on ne réussira pas
à nous faire passer pour des saboteurs du Parti et de
la préparation révolutionnaire du prolétariat.*

Signé: P. MONATTE, A. ROSMER, V. DELAGARDE.
*membres du Comité Directeur.*

## CANCANS ET VÉRITÉS

A la suite d'un incident qui se produisit dans une
section de la région parisienne, le camarade Rosmer
fut appelé devant le Bureau Politique pour fournir
des explications sur l'origine de cet incident.

Dès que la parole lui fut donnée, il lut une déclaration ainsi conçue :

*Paris, 5 novembre 1924.*

*Camarade Sémard,*

*Je regrette de n'avoir pu me rendre aux deux pre-
mières convocations qui m'ont été adressées, ce qui,
a, dis-tu, entraîné des dérangements inutiles pour
plusieurs camarades. Je ne puis en être rendu res-
ponsable. La première fois, vous m'avez convoqué
pour un soir où il m'était impossible d'être libre —
et je vous ai avisé par retour du courrier. — et la
seconde fois, c'est vous qui m'avez convoqué trop
tardivement.*

*Les deux premières convocations étaient d'ailleurs
muettes sur leur objet. Ta lettre du 3 novembre me
révèle, incidemment, de quoi il s'agit. J'en suis bien
étonné. C'est au cours de la Conférence des Secrétaires fédéraux, le 21 septembre dernier, qu'un mem-*

*bre du Bureau Politique a annoncé, sur un ton très mélodramatique, que j'allais être appelé à fournir des explications au sujet d'un incident qui s'était produit dans une section parisienne. Or, des semaines ont passé, même un mois et plus, sans que vous m'ayez demandé d'apporter ces explications. C'est donc que l'affaire était considérée par vous comme étant sans urgence ni importance. C'est tout à fait mon avis. Mais ce n'est pas moi qui l'ai dramatisée. Ce sont deux membres du B. P.*

*Vous savez très bien qu'il ne s'agit ni de ragots, ni de cancans, ni de cuisine de section, mais d'un fait. C'est du reste ce qu'a reconnu le délégué de l'I. C., à la Conférence des Secrétaires. Il n'a parlé ni de cancans, ni de ragots, mais il a dit: Nous ne permettrons pas qu'on utilise certains événements de la vie intérieure du Parti russe pour tenter de discréditer des militants qui occupent les postes les plus responsables de l'I. C. Je suis tout à fait d'accord avec lui sur ce point, et ce n'est pas d'aujourd'hui. Lors des grands débats qui ont eu lieu, l'hiver dernier, dans notre Parti, je n'ai cessé de montrer le danger qu'il y avait à transporter chez nous les discussions parfois fort vives qui se déroulent au sein du Parti russe, parce qu'il est impossible aux camarades non informés de l'histoire du Parti russe, avant et après la Révolution, d'en saisir exactement le sens, et surtout parce qu'elles risquent de porter une atteinte funeste à l'admiration enthousiaste des communistes pour les hommes avec qui la Révolution russe s'identifie. Ce danger avait d'ailleurs été souligné devant nous par le camarade Lozovsky, au cours d'un exposé* fait ici par lui. On peut juger ce point de vue erroné. Moi, je le crois juste et c'est celui auquel j'entends me tenir.

Lors de mon dernier séjour en Russie, des camarades russes m'ont parlé d'une communication de notes laissées par Lénine, qui fut faite au C. C. du Parti, avant le 13ᵉ Congrès. Ces camarades qui, du reste, au cours de la discussion, s'étaient rangés aux côtés du C. C., me connaissent depuis longtemps. Ils savent que je ne suis pas un communiste de 1922, et que je suis incapable de faire quoi que ce soit pouvant nuire à la Révolution russe et au communisme. Ils m'ont vu en Russie dès 1920. Ils m'ont rencontré à tous les Congrès de l'I. C. et de l'I. S. R. Ils me font confiance. Même quand je suis en désaccord avec eux sur un point, il ne leur vient pas à l'idée de me considérer comme un menchévik, ou comme un social-démocrate, encore moins comme un Frossard. Ils savent qu'ils peuvent me parler librement, car il n'y a nul risque que je fasse mauvais usage de leurs paroles.

A mon retour en France, j'ai vu, naturellement, mes amis personnels. Ils m'ont questionné sur les congrès, et aussi sur les notes de Lénine, auxquelles des journaux-bourgeois venaient justement de faire allusion. Je leur ai dit la vérité, sachant qu'à eux aussi, qui sont des militants ayant fait leurs preuves, on pouvait faire confiance. L'incident de la 7ᵉ section ne s'est produit que parce qu'un camarade, faisant le compte rendu de l'assemblée fédérale, a parlé, sur un ton de provocation, de cancans, ragots, etc. Sinon, il est bien *clair que le camarade Lacoste n'aurait rien dit et n'aurait pas posé de lui-même la question.*

*Voilà ce que j'ai à dire sur l'incident de la 7ᵉ section. Puisque l'occasion m'en est offerte, je voudrais demander au B. P. de décider la publication, dans le Bulletin Communiste, de la lettre que Monatte, Delagarde et moi avons adressée au C. D. le 5 octobre dernier. Nous sommes constamment injuriés, traités de la manière la plus basse, par des membres du B. P. — notamment par le secrétaire général du Parti — qui nous poursuivent d'une haine personnelle, nous attribuent des idées que nous n'avons jamais eues et des complots auxquels nous n'avons jamais songé. En même temps, on ne nous laisse aucune possibilité de nous expliquer dans les organes du Parti. Si, comme je dois le supposer, le B. P. n'a en vue que l'intérêt du Parti, je pense qu'il trouvera ma demande naturelle et y fera droit. Le camarade Monatte a formulé une demande identique hier, devant le C. D.; mais, comme d'ordinaire, le C. D. n'était pas en nombre pour décider valablement. Je la renouvelle devant le B. P. Je crois même que celui-ci aurait dû prendre de lui-même l'initiative de la publication. Ainsi le Parti aurait été mis en mesure de connaître, exprimée par nous, notre position au lendemain du Vᵉ Congrès de l'I. C.*

*Salutations communistes.*

Signé : A. Rosmer.

## UN ENGAGEMENT MAL TENU

Le Bureau Politique n'a pas tenu son engagement. Par contre, Sémard a renouvelé ses attaques mensongères contre la soi-disant droite. Le camarade Rosmer a souligné ces faits dans la lettre suivante :

*Paris, 16 novembre 1924.*

*Camarade Sémard,*

*Le 5 octobre dernier, Monatte, Delagarde et moi, membres du C. D., avons adressé, par la voie du secrétariat du Parti, une lettre au Comité Directeur.*

*Nous estimions qu'il ne nous était pas possible de laisser passer sans riposte de notre part les calomnies et les déformations de notre pensée et de notre action qui avaient été produites à la Conférence des Secrétaires fédéraux, et que l'Humanité, par ses comptes rendus, avait encore aggravées.*

*En même temps, nous indiquions clairement quelle était notre position au lendemain du $V^e$ Congrès de l'I. C.*

*Nous pensions que notre lettre paraîtrait au Bulletin Communiste, sans que nous ayons besoin de le demander : elle était, en effet, de nature à faire cesser des malentendus et à apporter des précisions utiles dans la discussion présente.*

*Après avoir attendu un mois, et constatant que le C. D. lui-même n'avait pas été saisi de notre lettre, qui pourtant lui était destinée, le camarade Monatte a demandé formellement, lors d'une réunion du Comité Directeur, la publication de notre lettre. Tu as répondu*

*en disant que quelques membres seulement du C. D.
étaient présents et ne pouvaient décider valablement
— mais il en est maintenant toujours ainsi, le C. D.
est toujours réduit à cinq ou six membres. — Qu'en
outre, la publication de notre lettre était subordonnée
au règlement d'un incident au sujet duquel j'étais
appelé à fournir des explications au Bureau Politique.*

*Le lendemain, 5 novembre, je me suis expliqué
devant le B. P. J'ai renouvelé, par écrit et verbale-
ment, la demande faite par Monatte. Vous m'avez
alors donné l'assurance que notre lettre du 5 octobre
allait être publiée.*

*Or, notre lettre reste toujours enfouie dans les
archives du Secrétariat du Parti. Mais, par contre,
l'Humanité du 13 novembre publie un article ayant
pour titre «Le Congrès national du Parti», dans lequel
tu te livres contre nous aux mêmes attaques qu'anté-
rieurement et répètes mot pour mot ce que tu as déjà
dit et écrit un certain nombre de fois. Tu continues à
nous attribuer des « ragots et des racontars », alors
que tu as dû reconnaître, toi et les autres membres
du B. P., lorsque j'ai apporté mes explications, qu'il
ne s'agissait ni de « ragots », ni de « racontars »,
mais d'un fait certain.*

*Tu prétends que le Congrès nous condamnera. C'est
possible, si tu continues à parler seul, à étouffer notre
voix et à écrire systématiquement le contraire de la
vérité. Nous n'aurons pas la naïveté de nous indigner
devant toi d'un procédé difficile à qualifier. Nous
nous bornons, ici, à constater des faits.*

*Salutations communistes.*

A. ROSMER.

# DIGNE D'ÊTRE AU C. D.,
# INDIGNE D'ÊTRE SECRÉTAIRE
# DE SON SYNDICAT

A la date du 31 juillet dernier, Delagarde adressait au Secrétariat du Parti une lettre dont le C. D. n'a pas eu connaissance. A ce jour, aucune réponse n'a été faite. On ne sait toujours pas comment un militant peut être jugé digne d'appartenir au C. D. du Parti et indigne d'être secrétaire de son syndicat.

*Au Comité Directeur,*

*Je saisis le Comité Directeur, tardivement — parce que j'ai voulu attendre le retour de la délégation au V° Congrès — d'une situation que j'estime sérieuse.*

*J'ai été appelé au C. D, en raison de mon travail syndical et de ma propagande pour les conseils d'usine. Récemment encore, je fus désigné pour organiser le 4° Congrès des usines de la métallurgie parisienne.*

*Or, désireux de poursuivre activement cette campagne pour l'organisation des ouvriers métallurgistes de la région parisienne sur la base des conseils d'usine, je posai ma candidature au secrétariat de mon syndicat et, à ma grande surprise, je fus combattu par les militants responsables du Parti.*

*Je voudrais savoir si un militant jugé digne d'être du C. D., en raison du travail accompli dans son syndicat, peut être tout à coup jugé indigne d'occuper un poste où l'appelait la grande majorité des adhérents de son organisation.*

V. DELAGARDE.

## UN ORDRE DU JOUR ÉTOUFFÉ

La Cellule de l' A. O. P. a adopté, dans sa séance du 6 novembre, l'ordre du jour suivant qui n'a pas encore obtenu l'hospitalité de la presse du Parti :

*Un de ses membres ayant été mis en cause, dans un article de l'Avant-Garde, la cellule de l'Association Ouvrière des Instruments de Précision, après les explications fournies par le camarade Lemire (visé par l'article en question) et par divers camarades qui assistaient à la fête de la 20ᵉ Jeunesse, condamne à l'unanimité et de la façon la plus absolue (1) la polémique engagée par Doriot comme portant atteinte à la vitalité de la 4ᵉ Entente et au Parti.*

*Elle garde son entière confiance en la personne de Lemire qui, au sein de l'usine et de la cellule, fait un travail entièrement communiste, et par ce seul fait ne peut et ne doit être comparé à un Méric ou un Badina.*

## A PROPOS D'HŒGLUND

Treint a déclaré au Congrès du Parti tchéco-slovaque que Monatte s'est abstenu d'écrire contre Hœglund comme il le lui avait demandé. Il n'est pas sans intérêt de donner ici la réponse que fit Monatte à cette demande de Treint :

*Paris, 6 octobre.*

*Camarade Treint,*

*Je n'ai pas l'habitude d'écrire sur les sujets que je*

---

(1) Souligé dans le texte original.

connais mal et ce ne sont pas les informations données par l'Humanité sur la situation suédoise qui m'auraient permis de la connaître.

Hœglund se flatte, dis-tu, d'avoir des appuis au sein de l'Internationale Communiste. Je ne pense pas qu'il ait espéré mon faible appui. En tout cas, rien ne légitime cet espoir : je n'ai jamais eu l'occasion de le voir ni de lui écrire, pas plus qu'à aucun de ses amis.

En te remerciant d'avoir pensé à faire lever, une fois en passant, la décision du Bureau Politique qui interdit de publier dans l'Humanité tout article de moi

Je t'adresse mes salutations communistes.

Pierre MONATTE.

LA COOTYPOGRAPHIE
— Association Ouvrière —
11, Rue de Metz, Courbevoie
(Seine)

57318